Rival

MIRA CANION

Rival

Chapter photography Mira Canion

Artwork and cover design by Alejandro Saldaña and Yajayra Barragan

Layout edited by Yajayra Barragan

ISBN 978-1-947006-00-3

Nota de la autora

Like any tourist in Seville, Spain, I marveled at the Moorish Royal Palace with its flowery Arabic lettering and its endless intricate tiles of geometrical patterns that flow from arches to columns. Southern Spain is a corner of Europe like no other. It leaves you spellbound like watching scenes from the movie Aladdin. Muslims had lived together with Jews and Christians in a tolerant, multilingual society in medieval Spain. The culture had flourished in literature, the sciences, and art producing such wonders as extensive libraries, amazing architecture, and a translation school.

Yet typical Spanish language textbooks gloss over the rich Muslim rule of Spain by merely listing the dates of 711-1492. And they certainly do not explain the essence of the Spanish Reconquista- the Christian campaign to expel both Muslims and Jews. Why isn't there much discussion about the clash and co-existence of these cultures?

I have always wondered why it took 800 ridiculously long years. Does it matter that we know anything about the Reconquista today?

The events of March 11, 2004 speak for themselves. On that fateful day ten bombs mercilessly ripped through several commuter trains bound for Madrid, Spain, killing 191 people and wounding over 1,400. It was absolutely shocking that the bombers reportedly acted to avenge the Spanish crusade against the Muslims and their expulsion from Al-Andalus (Spain). History has never been so important in understanding the present.

Rival will give you a glimpse of the Reconquista through the fictitious eyes of both cultures in the turbulent year of 1212, exactly 800 years ago. The protagonist of the story, Pedro Vega Garcia, is a Knight Templar. He belonged to a secretive brotherhood of military monks devoted to defending the Christian faith.

In 1212, four kings governed Christian Spain: Alfonso VIII of Castile, Alfonso IX of Leon, Pedro II of Aragon, and Sancho VII of Navarre. They intensified Reconquista efforts and declared a crusade to recruit Knights Templar and other troops when Muslim forces led by Al-Nasir threatened to recapture all of Spain. Al-Nasir was not well received among Muslims since he was an extremist and had inflicted harsh restrictions on them.

Like any work of historical fiction I have woven

together actual events with the creative thread of my imagination. To this end, the character Al-Nasir is loosely based on an historical figure of the same name and does not in any way insinuate that all Muslims are extremists. Tarik and Omar are based on the real individuals, Abu-Said and Abn-Qadis. For simplicity sake, I have used 'España' to refer to the area that is today's Spain and 'español' instead of 'castellano'.

So grab your reading sword and prepare to fight through a slice of Spanish history that has lessons for us today, 800 years later.

Mira Canion
Colorado
2012

Capítulo 1

Sobrina curiosa

Castillo de Segovia

Segovia, España
1212

Pedro Vega García, un caballero templario, pasó un momento silencioso. Él estaba en el balcón del castillo de Segovia. Pedro tenía un aspecto brutal y violento. Era alto con una cicatriz larga en la cara. Tenía el pelo largo y negro, los ojos misteriosos y barba.

Era un héroe militar durante una época conflictiva en España. Pedro era el caballero más valiente de toda España, pero no era completamente honesto. Guardaba muchos secretos.

Los caballeros templarios formaban una sociedad secreta. Eran extremadamente misteriosos. Guardaban en silencio todas sus actividades. Eran muy devotos de la religión cristiana. Por eso su misión era combatir contra los enemigos musulmanes de la religión islámica. Pedro quería entrar en combate para eliminar a los musulmanes de España. Defendía la religión cristiana con una pasión increíble.

Pedro pasó diez minutos en silencio cuando recibió una nota oficial de los caballeros templarios. La información en la nota era urgente. Decía que todos los caballeros templarios tenían que ir a Toledo. Planeaban una batalla enorme contra los musulmanes. Pedro miraba seriamente la nota, cuando su sobrina interrumpió el momento silencioso.

–¡Tío! ¿Qué tal? –exclamó Clara, su sobrina, con los ojos expresivos.

–¡Vaya! ¿Dónde has estado? –preguntó Pedro un poco frío.

–En la ciudad. He visitado el acueducto romano, la plaza grande y el mercado –explicó Clara con emoción.

–Eres demasiado curiosa y la curiosidad mató al gato –dijo Pedro firmemente.

–¡Ay tío no pasa nada! Me gusta explorar –respondió Clara.

Clara vivía con su tío en el castillo porque no tenía padres. Su padre murió en el combate y su madre murió a causa de un accidente. Clara era baja y guapa. Tenía 16 años y le gustaba explorar la ciudad de Segovia. Era una chica positiva, impulsiva, curiosa y de buenas intenciones. Su personalidad positiva y sus ojos expresivos producían en Pedro una admiración total.

–¿Qué tienes en la mano, tío? ¿Una nota importante? –preguntó Clara con curiosidad.

–No es nada –dijo rápidamente Pedro, tocándose la cicatriz de la cara.

Realmente la nota era importante. Había mucha tensión entre los cristianos y los musulmanes. Habían llegado del norte de África muchas más tropas musulmanas para combatir contra los cristianos. Estaban preparados para atacar. Por eso la situación era urgente. Pedro y los caballeros templarios tenían que defender a los cristianos y su territorio.

–¿Qué has comprado hoy en el mercado? –preguntó Pedro para no hablar de la nota.

Acueducto de Segovia

–Un vestido. ¿Qué te parece? –respondió Clara feliz.

–Me parece muy bien –dijo Pedro un poco más contento.

–¿Te parece elegante? –preguntó Clara.

–Sí, sí, sí –contestó Pedro.

–Me encanta comprar vestidos –declaró Clara.

Pedro se puso contento con la reacción positiva de Clara y la miró con ojos más expresivos.

–¿Tienes hambre? –preguntó Pedro.

–Sí, tengo mucha hambre –dijo Clara.

–¡Venga! Vamos a comer –declaró Pedro más positivo.

Pedro y Clara fueron al comedor y se sentaron en una mesa larga. En la mesa había pan, sopa, fruta, jamón y queso. Clara tomó el pan y preguntó:

Jamón ibérico

–¿Quieres pan?

–Sí, gracias. ¿Con quién has hablado en el mercado? –preguntó Pedro, tomando el pan.

–Con todos –respondió Clara.

–Te pareces a tu madre –comentó Pedro sin pensar.

–¿Mi madre? ¿Cómo era mi madre? No sé nada de ella –exclamó Clara.

En ese momento una sirvienta entró con otra nota oficial en la mano. Pedro recibió la nota y se puso serio. La situación era muy urgente. Pedro tenía que ir rápidamente a Toledo donde estaban todos los caballeros templarios y el ejército cristiano. Los cristianos querían atacar a los musulmanes. Y los musulmanes querían atacar a los cristianos. Pedro tenía que combatir en la batalla. Le dijo seriamente a Clara:

–Tengo que irme.

–¿Adónde? Quiero ir contigo –exclamó Clara.

–No puedes venir conmigo –respondió firmemente Pedro.

–¡Pero tío! Quiero ir contigo –repitió Clara.

–¡Que no! ¡No puedes venir conmigo! –gritó Pedro y se fue.

Capítulo 2

Nuestro Territorio

Real Alcázar en Sevilla

Sevilla
Real Alcázar

Mientras los caballeros templarios se preparaban para ir a Toledo, el gran ejército musulmán llegó a Sevilla, una ciudad musulmana. Al-Nasir, el líder de los musulmanes, estaba en su elegante palacio, el Real Alcázar. Se sentó sobre una alfombra, entre muchos cojines y por fin pasó un momento silencioso. Al-Nasir no era un hombre ni alto ni bajo, con barba ordenada y los ojos serios. Era inflexible y agresivo.

Al-Nasir tenía muchos enemigos entre los musulmanes porque era islámico radical y estricto. Muchos musulmanes que habían vivido muchos años en España no querían practicar el Islam estricto. Toleraban a los cristianos y no les querían provocar.

En ese momento habló con Tarik, un oficial militar, para planear el combate con los cristianos. Tarik era un soldado alto, delgado y de ojos negros. Tenía una cara muy delgada con barba larga. Tenía un carácter

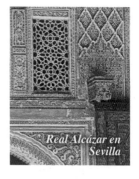

Real Alcázar en Sevilla

un poco difícil, porque era deshonesto y conflictivo. Quería ser el comandante militar, no un simple oficial. En particular quería eliminar a Omar como comandante militar.

–¿Qué tal el ejército? –preguntó Al-Nasir.

–Es enorme y preparado para combatir. Hay muchas tropas del norte de África –respondió Tarik.

–¿Dónde está el comandante Omar? –preguntó Al-Nasir.

–Omar defiende el castillo de Calatrava. El castillo es muy importante. Si los cristianos capturan el castillo, van a tener acceso a nuestro territorio –explicó Tarik.

–Exactamente –dijo Al-Nasir.

Al escuchar 'nuestro territorio' Al-Nasir se enojó. No toleraba la arrogante actitud cristiana. Los cristianos pensaban que los musulmanes habían invadido España.

–¡Nuestro territorio! Territorio musulmán por 500 años –dijo Al-Nasir.

–Los cristianos son egoístas. Piensan que toda España es su territorio –comentó Tarik.

–Dicen que los musulmanes invadieron España. ¿Invadieron? España es nuestra casa. Los cristianos invadieron nuestro territorio –siguió Al-Nasir enojado.

Al-Nasir pensaba en los 500 años de los musulmanes

en España. Después miró el patio del palacio porque tenía muchos aspectos musulmanes.

–¿Y el castillo de Calatrava y el comandante Omar? –preguntó Tarik.

–Habla con Omar en Calatrava. Quiero más información sobre el ejército cristiano –declaró Al-Nasir.

–De acuerdo –respondió Tarik feliz.

Con el objetivo secreto de eliminar a Omar, Tarik fue hacia el castillo de Calatrava. Mientras Tarik fue hacia el castillo, el ejército musulmán avanzaba hacia la ciudad de Córdoba para combatir contra los cristianos.

Mezquita de Córdoba

Capítulo 3

Todos a Toledo

Iglesia templaria en Segovia

Pedro y veinte caballeros templarios estaban frente al castillo. Estaban listos para ir a Toledo. Tenían muchos caballos y carretas que formaban una caravana. Mientras ellos estaban hablando, Clara exploraba en silencio la carreta porque tenía mucha curiosidad. De repente todos los caballeros partieron a Toledo con las carretas y caballos. Todavía Clara estaba en la carreta, así que partió accidentalmente a Toledo.

Después de muchas horas, por fin la caravana llegó a Toledo. Entonces Clara bajó de la carreta y los caballeros templarios la miraron con atención. Estaban muy sorprendidos de ver a Clara.

—Oye, ¡no puedes estar aquí! —exclamó Pedro muy enojado.

—¿No puedo estar aquí? ¿Dónde estoy? ¿Hay un mercado? Necesito comprar un vestido —respondió inocentemente Clara.

—Estás en Toledo pero no debes estar aquí —explicó Pedro.

—¿Por qué no debo? Quiero explorar Toledo. Por favor —dijo Clara mirando a Pedro con sus ojos grandes y expresivos.

Pedro no tenía tiempo de prestar atención a Clara, porque tenía que prepararse para la batalla. Los musulmanes habían salido de la ciudad de Sevilla y a hora estaban en Córdoba. Después de un silencio Pedro dijo:

–Eres demasiado curiosa. Tu curiosidad causa problemas. Demasiados problemas. No puedes estar aquí.

–Pedro, no pasa nada. Eres demasiado estricto. La ciudad parece un castillo. Y hay muchos soldados –explicó Gonzalo, un caballero templario.

Gonzalo era un caballero muy devoto. Era muy amigo de Pedro y tenía mucha experiencia militar. Su cara era de expresión seria con ojos pequeños, barba ordenada y nariz larga. Era un poco bajo pero tenía muchos músculos.

–Tienes razón. Está bien, Clara. Puedes explorar Toledo –afirmó Pedro.

–Gracias, tío –respondió Clara.

Por la mañana Clara exploró las calles de Toledo. Sintió mucha curiosidad. Las calles se parecían a una serpiente porque eran estrechas y tenían muchas curvas. Clara estaba inmensamente feliz porque Toledo era espectacular.

Entonces Clara bajó por una calle estrecha y pasó por una plaza pequeña. Miró con curiosidad a un chico guapo y moreno. Últimamente a Clara le interesaban mucho los chicos. El chico moreno escribía muy

Calle estrecha en Toledo

concentrado. Después de observarlo unos segundos Clara le preguntó:

–Hola. ¿Qué tal? ¿Qué escribes?

–Hola. Traduzco del árabe al español –respondió el chico.

–Me parece muy interesante. No entiendo árabe. Pero mi tío entiende árabe –explicó Clara.

–¿Quién es tu tío?

–Pedro Vega García.

–¿Pedro Vega García? ¿El gran héroe militar? –preguntó el chico moreno.

–Sí –respondió Clara sorprendida de la fama de su tío.

Al chico le gustaba hablar con Clara, especialmente porque Clara era la sobrina de Pedro Vega García. Más que todo, le gustaba hablar con Clara porque la chica tenía una energía muy positiva. El chico moreno le preguntó:

–¿Y tú? ¿Cómo te llamas?

–Clara Vega. Mucho gusto.

–Mucho gusto. Me llamo Jafar Ali Bakr.

–¿Por qué traduces del árabe al español? –preguntó Clara.

–Trabajo para la Escuela de Traducción –contestó Jafar.

–¡Qué interesante! –exclamó Clara emocionada.

–Hay muchos textos árabes: ciencias naturales, filosofía y literatura –siguió Jafar.

Otra vez Jafar miró el texto mientras Clara observó con curiosidad la lengua árabe.

–La lengua árabe parece arte. Me encanta –dijo Clara.

–Tienes razón. ¿Qué sabes de la cultura árabe o de la religión islámica? –preguntó Jafar.

–Mi tío Pedro sabe mucho; pero yo no sé nada –respondió Clara.

–¡Venga! ¿Quieres explorar los lugares árabes de Toledo? –dijo Jafar.

–¡Claro que sí! Me encanta explorar –exclamó Clara mirando los ojos negros y grandes de Jafar.

Capítulo 4

Fascinante

Toledo

Clara fue con Jafar a visitar muchos lugares. Entraron en un edificio religioso. Había arcos y cúpulas. También había inscripciones árabes por muchas partes del edificio. Clara sintió mucha curiosidad.

–En el arte islámico no se permiten figuras humanas –explicó Jafar.

–No me digas. ¡Fascinante! –exclamó Clara mientras exploraba el edificio con sus ojos expresivos.

Varios días Clara exploró Toledo con Jafar. También se sentó en las plazas y habló muchas horas con él.

–Oye, ¿quieres ver un poco de álgebra? –preguntó Jafar un día.

–¿Qué es álgebra? –respondió Clara confundida.

–Matemáticas. Los árabes inventaron el álgebra. Mira –dijo Jafar.

Entonces Jafar escribió "$y = 6x^2 + 4x + 3$".

–Parece complicado –dijo Clara.

–Es fácil –siguió Jafar.

–No parece fácil –replicó Clara.

Jafar habló muchas horas con Clara sobre la cultura árabe. Sabía mucho sobre la cultura porque era musulmán. A Clara le fascinaba la cultura árabe: la arquitectura, el álgebra, la astronomía, las alfombras y los cojines. También Jafar habló sobre la historia conflictiva de los musulmanes y de los cristianos en España. Al escuchar la historia Clara se puso triste.

–No entiendo nada. ¿Por qué los cristianos no toleran a los musulmanes? –preguntó Clara.

Mezquita de Córdoba

–Es complicado. Los cristianos dicen que Jesucristo es su salvación. Piensan que el primer líder musulmán, Mohamed, era un hombre deshonesto y violento –explicó Jafar.

–Mi tío dice que el Islam es falso –dijo Clara.

–Hay musulmanes intolerantes también. Dicen que los cristianos tienen tres dioses. Pero los musulmanes tienen un solo dios –siguió Jafar muy serio.

–¡Vaya! ¡Qué diferencias! –declaró Clara.

–Los musulmanes tienen muchos conflictos entre sí. Los musulmanes que ya han vivido muchos años en España no están contentos. Un grupo musulmán radical de África, los Almohades, conquistó a otros musulmanes y ahora controla el territorio musulmán de España. La situación entre los cristianos no es muy diferente. Los cristianos matan a otros cristianos para controlar el territorio –explicó Jafar.

Era la primera vez que Clara pensó en el tema de los conflictos religiosos. Se puso muy seria y un poco triste. Después de una larga pausa Jafar le preguntó:

–Oye, ¿tienes hambre?

Cúpula musulmana en Toledo

–Sí, un poco –respondió Clara.

–¿Qué te parece si vamos a comer? Podemos comer comida árabe –siguió Jafar.

–Me parece fantástico. ¿Aquí en la plaza? –preguntó Clara.

–No, aquí no. En el campo. Vamos a salir de Toledo –explicó Jafar.

–¿Un día de campo? ¡Me parece perfecto! –respondió Clara emocionada.

–Venga, nos vemos en la plaza por la tarde –declaró Jafar.

Toledo

Capítulo 5

El campo

Toledo

Por la tarde

Hacía calor cuando Jafar y Clara salieron de la plaza y bajaron del centro de Toledo. Tenían que bajar mucho porque el centro era alto. Por fin llegaron a un puente que les permitía cruzar el río y salir de Toledo.

Toledo desde un puente

–Este puente es muy importante para la defensa de Toledo –explicó Jafar cuando llegaron al puente.

Un guardia del puente miró con atención a Jafar y a Clara.

–¿Adónde vais? –preguntó el guardia con curiosidad.

–Al campo para comer –respondió Jafar.

–¿Al campo? No está permitido –dijo el guardia.

–Pero mi tío es Pedro Vega García –declaró Clara.

–No me digas. ¿Pedro Vega García? Perdón. No lo

sabía. Pasen –replicó el guardia.

El guardia les permitió pasar por el puente. Mientras cruzaban el puente, Clara miraba el río con mucha atención. Le gustó ver el reflejo de Toledo en el río. Después de cruzar el puente entraron al campo. Tenían una vista del campo enorme. También, tenían una vista fantástica de la ciudad de Toledo. No había nada, ni calles, ni casas. Clara miró el campo con curiosidad. Después de unos minutos, se sentaron para comer.

–¿Tienes hambre? –preguntó Jafar contento.

–Claro que sí –replicó Clara.

–Tengo varios productos árabes –explicó Jafar.

Había mucha comida como olivas, zanahorias y naranjas.

–Fabuloso. No sabía que había tanta comida árabe aquí. Me encantan las olivas –comentó Clara, mirando al guapo Jafar.

Con mucha emoción Jafar miró los ojos divinos de Clara. Se sentía muy feliz.

–Venga, toma una oliva –siguió Jafar emocionado.

Entonces Clara tomó la oliva y la comió. Suavemente Jafar tomó la mano de Clara y se puso romántico.

–Clara, me fascinas –dijo Jafar.

–Hace mucho calor, ¿no? –respondió Clara nerviosa.

Clara se sentía feliz, pero empezó a ponerse nerviosa porque no había tenido ninguna relación romántica. Estaba tan emocionada y nerviosa que su pulso se aceleró y le pareció que todo el campo se movía.

En realidad había un movimiento en el campo. De pronto llegaron cinco hombres musulmanes montando a caballo y uno de los hombres era Tarik. Él llegó para buscar información del ejército cristiano en Toledo.

–¡Vaya! ¿Qué tenemos aquí? Una escena romántica –dijo Tarik para enojar a Clara y a Jafar.

–Estamos aquí para comer –respondió Clara sin pensar.

–¿Comer? No me digas. ¿Qué comes, chica? –preguntó Tarik muy cómico.

–Comida árabe –dijo Clara inocente, mirando la cara delgada de Tarik.

–¿Quién eres tú? –siguió Tarik con curiosidad.

–¡No digas nada! –le exclamó Jafar a Clara.

Jafar tomó una zanahoria y se puso directamente frente a Clara para defenderla. Tarik se puso muy contento. Sacó la espada y dijo:

–¿Me vas a atacar con una zanahoria? ¡Venga!

–¡Claro! ¡Venga! –gritó Jafar.

Rápidamente Tarik sacó una espada y cortó la zanahoria en dos. Entonces Jafar miró la zanahoria pequeña y se puso nervioso.

–¿Quién eres? –le preguntó Tarik otra vez a Clara.

–Me llamo Clara Vega. Soy la sobrina de Pedro Vega García. Y él es mi amigo Jafar Ali Bakr –explicó rápidamente Clara.

–¡Vaya! Jafar, ¡qué plan tan perfecto! Comer en el campo para que yo capture a Clara. Gracias, Jafar. Me has ayudado mucho –dijo Tarik feliz.

Clara se enojó al escuchar que Jafar había ayudado a los hombres. No entendía nada. Pensó que Jafar había ayudado a los hombres porque era musulmán también. Se sentía muy mal.

–¿Un plan para capturarme? ¡Qué falso amigo! –declaró Clara con una expresión dramática y sorprendida.

–¡Qué plan ni qué nada! ¡No he tenido ningún plan! –exclamó Jafar firmemente.

–No me digas. Ahora entiendo perfectamente. No eres mi amigo. ¡Eres mi rival! –gritó Clara porque se sentía enojada y triste.

–No, no soy tu rival. Soy tu amigo –contestó Jafar sincero.

–¡Qué escena dramática! Romance en el campo. ¡Qué románticos! ¡Vengan, vamos! –dijo Tarik a sus hombres.

Los hombres tomaron a Clara y a Jafar como prisioneros. Después fueron a toda velocidad hacia Jaén donde estaba el ejército musulmán. Tarik se sentía muy bien porque tenía a la persona perfecta en sus manos.

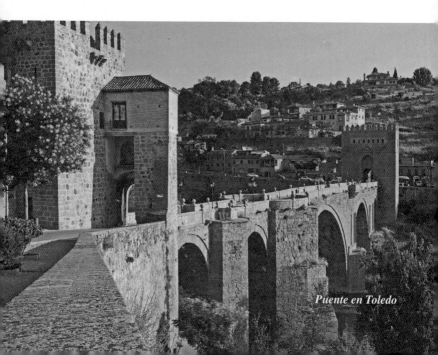

Puente en Toledo

Capítulo 6

Investigar

Puerta del Sol en Toledo

Plaza de Toledo
Por la tarde

–Pedro, ¿qué tal? ¿Has dormido la siesta? –preguntó Gonzalo.

–No he dormido nada de siesta –contestó Pedro.

–¿Por qué? ¿Qué pasa? –dijo Gonzalo.

–¿Dónde está Clara? ¿La has visto? –preguntó Pedro furioso.

–No la he visto. ¿No ha regresado? –respondió Gonzalo.

Pedro y Gonzalo se miraron muy seriamente, porque no encontraron a Clara. Empezaron a buscar a Clara en la plaza. Preguntaron a muchas personas en la plaza si habían visto a Clara. Buscaron a Clara por todo Toledo. Por fin encontraron al guardia estacionado en el puente. El guardia indicó que Clara y un chico habían pasado por el puente pero no habían regresado.

Entonces cruzaron el puente a toda velocidad y entraron al campo. Buscaron a Clara por todo el campo. Después de unos largos minutos, encontraron el lugar donde habían comido Clara y Jafar.

–Había caballos aquí –declaró Gonzalo después de

examinar la caca en el campo.

–Ellos tienen a Clara. ¿Y quién es el chico que está con Clara? –preguntó Pedro enojado.

–Ya no hay tiempo para investigar. Tenemos que regresar a la plaza para salir con las tropas –afirmó Gonzalo.

–No estoy de acuerdo. Estamos hablando de mi sobrina –contestó Pedro.

–Mira, una nota –dijo Gonzalo levantando la nota.

Pedro Vega García,

Clara está bien. Si la quieres ver otra vez, vas a tener que ayudarme. Yo quiero ser el comandante; por tanto, informa al ejército cristiano que soy el comandante. Nos vemos en la batalla.

Sinceramente, Tarik

–Otra vez Tarik –comentó Pedro, mirando la nota mientras se tocaba la cicatriz de la cara.

–No entiendo nada. ¿Quién es Tarik? –preguntó Gonzalo.

–Tienes razón. Ya no hay tiempo para investigar nada.

Tenemos que regresar a la plaza. ¡Venga! –dijo Pedro para no contestar la pregunta de Gonzalo.

En ese momento el ejército cristiano estaba en la plaza principal. Ya estaba listo para salir. Al último minuto Pedro y Gonzalo llegaron a la plaza. De inmediato todo el ejército empezó a salir de Toledo por un puente. Primero avanzó hacia el castillo de Calatrava.

Toledo

Pedro decidió no comentar nada sobre Clara a los templarios. En ese momento su misión como templario era más importante que encontrar a su sobrina. Y sabía que su sobrina estaba perfectamente bien.

Capítulo 7

Un pacto

Un castillo

Castillo de Calatrava

En el campo entre Toledo
y Jaén había seis castillos.
Después de salir de Toledo,
el ejército cristiano fue a
asaltar los seis castillos.
Fácilmente tomó el primer

castillo y avanzó hacia el segundo castillo, Calatrava.

Omar, el excelente comandante musulmán, estaba
defendiendo el castillo de Calatrava. Era un soldado
honesto y valiente. En ese momento Tarik llegó al castillo
para hablar con Omar, pero Omar no estaba contento
de verlo. Había tensión entre Omar y Tarik porque Tarik
tenía un carácter conflictivo y no quería aceptar a Omar
como el comandante.

–¿Qué haces aquí? –preguntó Omar sorprendido.

–Vengo de parte de Al-Nasir. Quiere que hagas un
pacto con los cristianos –replicó Tarik, deshonesto.

–No me digas. ¿Un pacto? ¿Por qué? Lo que necesito
son más tropas para defender el castillo –contestó Omar,
sin saber que era información falsa.

–A Al-Nasir le urge hablar contigo en Jaén. Quiere

que tú prepares un plan para la gran batalla con los cristianos –respondió Tarik.

Tarik habló con tanta convicción que Omar pensaba que realmente Al-Nasir quería verlo en Jaén. En realidad Tarik quería eliminar a Omar.

Mientras los dos hablaban, llegó un soldado gritando:

–¡Comandante! ¡Comandante!

–¿Qué pasa? –replicó Omar.

–El ejército cristiano ha llegado. Y es enorme –respondió el soldado.

En la distancia Omar vio al ejército cristiano. Se puso nervioso porque el ejército era demasiado grande para defender el castillo.

–Tarik, quiero que hables con Al-Nasir. Me urge tener más tropas –ordenó Omar mirando seriamente la cara delgada de Tarik.

–¿Y el pacto? –preguntó Tarik.

–Sí, voy a considerar un pacto con los cristianos. Tienen demasiadas tropas. Pero primero, quiero que hables con Al-Nasir. Me urge tener más tropas aquí. Parto a Jaén en unos días –contestó Omar.

–De acuerdo –dijo Tarik, sin revelar sus motivos.

Mientras Tarik salía del castillo para hablar con

Al-Nasir, los soldados cristianos llegaban frente al castillo. Pedro gritó a las tropas:

–¡Preparen las catapultas! Vamos a asaltar el castillo.

Omar pensó en su conversación con Tarik. Decidió que era buena idea hacer un pacto con los cristianos, porque los musulmanes no tenían suficientes tropas para defender el castillo. Entonces Omar hizo un pacto con los cristianos.

Después los cristianos tomaron el castillo. Pedro entró en el castillo y empezó a buscar a Clara. La buscó por todo el castillo. Cuando no la encontró, Pedro habló con el comandante Omar:

–¿Ha llegado Tarik aquí?

–Sí, ha llegado pero se fue. ¿Por qué? –replicó Omar con curiosidad.

–Por nada. Gracias –contestó Pedro, para guardar su secreto.

Capítulo 8

Mortal

Castillo de Jaén

El ejército musulmán estaba en la ciudad de Jaén. Hacía un calor tremendo, pero Al-Nasir estaba muy feliz planeando la batalla contra los cristianos. Cuando Tarik llegó, fue a hablar con Al-Nasir.

–Muy bien, has regresado. ¿Qué información tienes del castillo de Calatrava? –preguntó Al-Nasir.

–Los cristianos tomaron posesión del castillo porque Omar hizo un pacto con ellos –explicó Tarik.

–¿Qué? ¿Hizo un pacto con los cristianos? ¡Traidor! –gritó Al-Nasir.

–Sí, Omar es un traidor. Hizo un pacto –confirmó Tarik.

–Me urge hablar con él –dijo Al-Nasir enojado.

–Puedes hablar con él personalmente porque va a venir a Jaén –afirmó Tarik con calma.

–¿Va a venir? Perfecto –respondió Al-Nasir.

Por la mañana Omar fue a hablar con Al-Nasir. Tarik estaba presente también. Quería informarle sobre el avance del ejército cristiano. Los cristianos tenían un ejército mucho más grande de lo que Al-Nasir pensaba.

–¡Hola! ¡Buenos días! Vengo a hablar del ejército

cristiano –dijo Omar.

–¡Traidor! ¡Hiciste un pacto con los cristianos! ¡Perro! –gritó Al-Nasir mientras sacó la espada y rápidamente cortó la cabeza de Omar.

Y en dos segundos la cabeza se separó del cuerpo y cayó. No tuvo la oportunidad de defenderse. Al ver que Omar estaba muerto, Tarik se puso muy contento.

ıllllll Ruta de musulmanes- Córdoba, Jaén, Navas de Tolosa
▬▬ Ruta de cristianos- Calatrava, Navas de Tolosa

Las Navas de Tolosa
13 de julio de 1212

Los musulmanes avanzaron y llegaron a las Navas de Tolosa, un campo al norte de la ciudad de Jaén. El campo estaba a muy poca distancia del territorio cristiano.

Establecieron un campamento militar ahí porque era el lugar perfecto.

–Aquí vamos a acampar frente al barranco –indicó Al-Nasir.

–Estoy de acuerdo. Es un lugar perfecto gracias al barranco. Aquí podemos defendernos bien –respondió Tarik.

Había un barranco con un paso estrecho frente al campo. Los musulmanes vigilaban el paso para que los cristianos no pasaran al campo fácilmente. Estaban listos para matar a todos los cristianos que pasaran por ahí.

Tarik no comentó nada sobre Clara, porque tenía motivos secretos. Planeaba negociar con Pedro Vega García y utilizar a Clara en el momento perfecto. Tarik se puso contento porque pensaba en transformarse en el líder de los musulmanes.

Al llegar al norte del barranco los cristianos vieron a las tropas musulmanas en el campo, pero no vieron la posibilidad de avanzar al campo fácilmente. Había solamente un paso pequeño y las tropas musulmanes

El barranco en las Navas de Tolosa

estaban directamente frente al paso, listos para matarlos. Muchos cristianos querían ir a casa, porque la situación era imposible.

–No me gusta nada la situación. Es imposible avanzar. Los musulmanes pueden atraparnos fácilmente –comentó Gonzalo.

–Tienes razón. Parece que no hay otro paso –dijo Pedro.

Después de una pausa larga Pedro vio a un pastor. El pastor pasaba por el campo con sus animales.

–Señor, ¿no hay otro paso por aquí? –le preguntó Pedro al pastor.

–Sí, hay, pero es largo y difícil –respondió el pastor.

–Me urge encontrar el paso. Por favor, ¿dónde está? –insistió Pedro.

El pastor le indicó por donde. Entonces los cristianos avanzaron en secreto por el paso. No era nada fácil. Por fin llegaron al campo. Al ver a los cristianos en el campo los musulmanes se sorprendieron. Se sorprendieron completamente. Los cristianos establecieron un campamento frente a los musulmanes y se prepararon para combatir.

Capítulo 9

Vivir

Las Navas de Tolosa
15 de julio de 1212

Por la mañana Pedro recibió una nota secreta de Tarik.

Pedro Vega García,

Tengo a Clara como prisionera. Informa a las tropas cristianas que tienen que negociar conmigo. Yo soy el comandante del ejército musulmán. Con tu cooperación vas a salvar a Clara. Me urge hablar contigo.

Tarik

A Pedro no le gustaba nada la situación. No le gustaba la manipulación. Quería salvar a Clara, pero su reputación como caballero templario era importante. Sabía que Tarik lo quería provocar. Tarik no era realmente el comandante. Así que Pedro no comentó nada de la nota privada y decidió salvar a Clara en secreto.

16 de julio de 1212

Hacía un calor intenso por la mañana cuando los cristianos se prepararon para la batalla. El campamento de los musulmanes estaba directamente frente a ellos a muy poca distancia. Parecía un día perfecto para combatir. Pedro y Gonzalo se pusieron

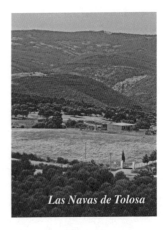
Las Navas de Tolosa

la armadura con toda precisión. Era importante llevar la armadura en el combate.

–No me gusta nada la situación. No tenemos suficientes tropas –comentó Gonzalo nervioso.

–Ya no tenemos otra alternativa. Hay que luchar aquí y ahora –dijo Pedro mientras se ponía la armadura.

–¿Vale la pena luchar? ¿Vale la pena luchar por la religión? –preguntó Gonzalo más serio.

–Cuando la causa es noble vale la pena; nuestra causa es noble –dijo Pedro firmemente.

Mientras Pedro se ponía la armadura, miró con

atención a las tropas musulmanas. Se puso muy serio. Era un héroe templario pero ya no se sentía como un héroe. Se sentía como un hombre miserable, porque su imagen como templario honrado era más importante que salvar a Clara.

–Gonzalo, ¿vale la pena vivir? –siguió Pedro.

–¿Vivir? ¡Qué pregunta absurda! –dijo Gonzalo confundido.

–Vivir como un cristiano vale la pena. Y vivir por la eternidad vale más –respondió Pedro.

–Tienes razón. Tienes toda la razón. La vida eterna vale la pena –dijo Gonzalo.

–Por eso no puedo permitir que los musulmanes tomen posesión de más territorio cristiano. Ya no puedo permitir que eliminen mi oportunidad de vivir como un cristiano. Han invadido mucho territorio. Ya no puedo permitir eso. Tengo que luchar –declaró Pedro con convicción.

Capítulo 10

El héroe

Las Navas de Tolosa
16 de julio de 1212

Los musulmanes y los cristianos estaban listos para luchar. Los musulmanes ya tenían una formación de ocho líneas y los cristianos tenían tres líneas divididas en once grupos pequeños.

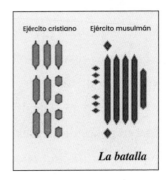

La batalla

La batalla empezó cuando los cristianos avanzaron a toda velocidad hacia los musulmanes.

De inmediato los musulmanes dispararon muchas flechas. Las flechas parecían una tormenta terrible. Muchos cristianos llevaban armadura pero varias flechas cayeron en las partes del cuerpo que estaban desprotegidas. Varios hombres cayeron muertos mientras el resto de las tropas avanzaba hacia el enemigo.

Rápidamente todos sacaron sus espadas y lucharon cuerpo a cuerpo. Sus espadas chocaron una y otra vez. Después de unos largos minutos los musulmanes tomaron control absoluto de la batalla. Por eso la segunda formación de cristianos avanzó y atacó a los musulmanes.

Otra vez fue un desastre porque muchos cristianos cayeron muertos. Muchos cristianos empezaron a abandonar la batalla. Por eso los musulmanes corrieron detrás de ellos, pero esto fue el gran error de los musulmanes. Después de pocos minutos, los musulmanes se separaron de sus formaciones y causaron caos con un desorden terrible. El desorden no escapó de la atención de Pedro y de Gonzalo.

Con mucha emoción Pedro gritó a la última parte de la tercera línea:

–Ya es hora de atacar. Los musulmanes están desorganizados.

–¡Al ataque! –exclamó Gonzalo.

Entonces Pedro empezó a avanzar con parte de la tercera línea. Montó a caballo llevando su armadura.

El caballo también llevaba armadura. Al llegar a las tropas musulmanas, levantó la espada para luchar. Con precisión cortó la cabeza de una víctima mientras montaba a caballo. Unos segundos después cortó el brazo de un musulmán. El hombre levantó el brazo cortado del suelo para salvarlo. Pero ya era demasiado tarde. Cayó muerto.

Pedro levantó la espada para atacar pero de repente, el caballo se cayó y tiró a Pedro al suelo. De inmediato un musulmán lo atacó con su espada. Pedro se movió a toda velocidad y la espada del musulmán golpeó el suelo. Con el pie, Pedro lo golpeó en el estómago mientras levantó su espada. El musulmán cayó y Pedro le cortó la cabeza.

Sin pausa Pedro, el héroe de los templarios, movió su espada por el aire una y otra vez, matando a muchos hombres. De repente vio a Gonzalo tirado en el suelo y corrió hacia él.

–Ya no vale la pena salvarme. Mi vida aquí ya no vale nada. Pero vale la pena salvar a Clara –dijo Gonzalo.

–Pero... –dijo Pedro triste.

–Rápido –respondió Gonzalo y se murió.

Capítulo 11

Mi tío

Las Navas de Tolosa
16 de julio de 1212

Pedro tomó la espada y corrió hacia unas tiendas detrás de las líneas musulmanas. Entró violentamente en una tienda para buscar a Clara, pero no la encontró. Después entró en otra tienda y vio a Clara, Tarik y Jafar.

Una tienda

–¡Vaya! ¡Pedro Vega García! –exclamó Tarik.

–¡Tarik! ¡Animal! ¿Por qué has capturado a Clara? –preguntó Pedro.

–Mira, Clara. Tu padre ya está aquí –dijo Tarik a Clara.

–¿Mi padre? No. Pedro es mi tío –contestó Clara.

–No, Pedro es tu padre –declaró Tarik firmemente.

Clara se sorprendió y miró a Pedro al escuchar que él era su padre y no su tío.

–Por fin salvas a tu hija, Pedro –dijo Tarik.

–¡Bruto! ¡Utilizas a mi hija como un arma de combate! –respondió Pedro enojado.

–¡Animal! Tú abusaste de mi hermana. ¡Mi hermana! –exclamó Tarik sin contestar el comentario de Pedro.

–Tu hermana me amó y yo la amé a ella –explicó Pedro muy serio.

–No, mi hermana no te amó. Abusaste del honor de mi familia –declaró Tarik.

Otra vez Clara se sorprendió al escuchar a Tarik. En realidad Tarik era su tío. De repente Tarik sacó la espada y Pedro levantó su espada. Pero en ese momento Clara se puso directamente frente a Pedro para defender a Tarik. Clara le dijo a Pedro:

–Tarik es mi tío. No puedes matarlo. Es parte de mi familia.

–Clara, ¡no! Esto es un conflicto entre él y yo –exclamó Pedro.

De repente Tarik levantó la espada detrás de Clara, pero Jafar corrió hacia ella y la tiró al suelo para salvarla. Rápidamente Pedro levantó la espada y atacó a Tarik. Una y otra vez las espadas de Tarik y de Pedro chocaron. Con precisión, Pedro movió la espada por el aire. Esta vez, cuando su espada chocó con la espada de Tarik, la espada de Tarik cayó.

–Y ahora, ¿qué? ¿Me vas a matar? –gritó Tarik sin su espada.

–No vale la pena matarte –replicó Pedro enojado.

Sin pensar dos veces, Jafar corrió detrás de Tarik y le golpeó en la cabeza. Tarik se cayó mientras Pedro miraba a Jafar con mucha atención porque no solamente salvó a Clara, también golpeó a Tarik.

Real Alcázar en Sevilla

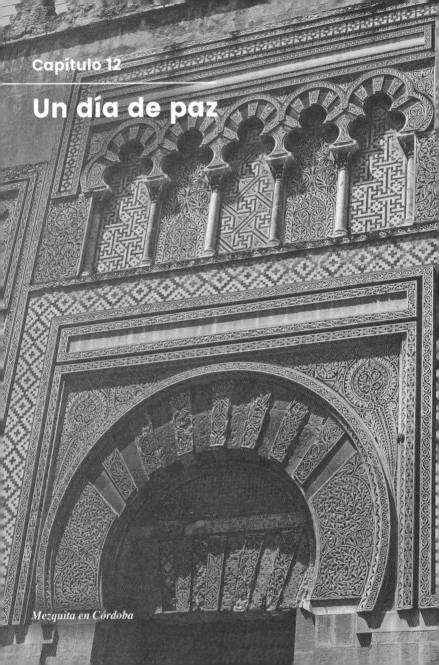

Capítulo 12

Un día de paz

Mezquita en Córdoba

Las Navas de Tolosa
16 de julio de 1212

–¿Quién eres? –preguntó Pedro.

–Soy Jafar Ali Bakr –contestó Jafar.

–Gracias por salvar a mi hija –respondió Pedro.

–De nada. Tarik es cruel. Tiene malas intenciones. No es un buen musulmán. Los musulmanes son personas de paz no de violencia –dijo Jafar.

Con los ojos expresivos Clara miró a su padre. Pensó en tantos años de ser la hija de Pedro y no la sobrina.

–Entonces, ¿soy tu hija? –preguntó Clara.

–Sí –contestó Pedro, tocándose la cicatriz de la cara.

–¿Por qué tanto secreto? ¿Por qué decidiste ser templario? –preguntó Clara.

–Cuando mis padres vieron que yo estaba enamorado de una musulmana, se enojaron mucho. Mi padre me dijo que tenía que ser caballero templario y guardar el secreto –contestó Pedro.

–Pero no entiendo. ¿Por qué tenías que ser caballero? –siguió Clara.

–Los caballeros guardan los secretos. No se nos permite tener hijos. Especialmente hijos del enemigo –explicó Pedro.

Clara imaginó a su madre musulmana y preguntó:

–¿Y mi madre? ¿Qué pasó con mi madre? ¿Cómo murió?

–En una batalla ella estaba ayudando a las tropas musulmanas, cuando murió por una flecha –explicó Pedro.

–¿Los cristianos la mataron? –dijo Clara triste.

–Por accidente, sí –contestó Pedro.

–¿Cómo era mi madre? –preguntó Clara.

–Se parecía a ti. Guapa, sociable, tenía mucha curiosidad. Tenía unos ojos divinos que transmitían energía positiva –explicó Pedro.

–Ahora entiendo por qué me fascina la cultura árabe. Soy musulmana. Me fascinan las ciencias, el álgebra, el arte y la comida. Toda la cultura musulmana es interesante –dijo Clara.

–Y la cultura cristiana también es interesante –comentó Jafar.

Entonces Clara miró a Jafar confundida. Le preguntó:

–No entiendo nada. Me salvaste pero ayudaste a Tarik a capturarme en el campo.

–No le ayudé a nada. Tarik inventó todo porque había escuchado que tú eras sobrina de Pedro.

–Entonces, no eres mi rival –respondió Clara.

–No, tú me fascinas –dijo Jafar suavemente.

–¡Un momento! No tan rápido, Jafar –exclamó Pedro.

–Papá, no pasa nada –dijo Clara feliz.

Entonces los tres vieron la batalla desde la entrada de la tienda. Pedro ya no tenía que luchar más porque los cristianos tomaron control completo de la batalla y declararon victoria.

–La violencia no es la solución para resolver las diferencias. La paz es la solución –comentó Jafar.

–La paz es difícil y muy complicada –afirmó Pedro.

Mientras observaban la violencia de la batalla, Jafar pensó en los buenos aspectos de las dos culturas. Clara también pensó en las dos culturas: en su madre musulmana y su padre cristiano. Y Pedro pensó en su misión como caballero templario y en su hija Clara.

–Hoy no es un día de paz –dijo Jafar triste.

–Pero hoy es un día de paz para mí. Por fin puedo aceptar a mi hija en público –dijo Pedro.

–Y para mí, hoy es un día de paz. Tengo un padre –respondió Clara feliz.

–Clara, eres mi preciosa hija –declaró Pedro.

Suavemente Pedro abrazó a Clara y le dijo:

–Tú eres mi paz.

Epílogo

That day in 1212 would prove to be a turning point in the Reconquista of Spain. Muslim troops had made a fatal mistake. When Christian soldiers began to retreat, Muslim forces pursued them and consequently broke their own formation. They did not realize still more Christians were waiting in concealment. Thus, the reserve forces were able to counterattack and to turn the tide of battle. Meanwhile, Al-Nasir fled on horseback, eventually settling in northern Africa. Supposedly, one year later he was fatally poisoned.

Gradually, Christians conquered key Muslim cities and Muslims were allowed to reside in the region of Granada in exchange for an annual monetary tribute. Once again Muslims lived peacefully in Spain. However in 1492, after 256 years more of peace, Muslims were completely forced out of Spain.

Exactly 800 years after that fateful 1212 battle there are still some very valuable lessons to be learned. Our story's hero, Pedro, serves to remind us that we can experience peace only by first defeating our greatest rival: ourselves.

Glosario

Not all verb forms appear in the glossary. Please consult the following verb charts.

Presente
lucho – I fight
luchas – you fight
lucha – s/he fights
luchamos – we fight
luchan – you all/they fight

quiero – I want
quieres – you want
quiere – s/he wants
queremos – we want
quieren – you all/they want

Presente Perfecto
he estado – I have been
has estado – you have been
ha estado – s/he has been
hemos estado – we have been
han estado – you all/they have been

Pretérito/ Pretérito Indefinido
miré – I looked
miraste – you looked
miró – s/he looked
miramos – we looked
·miraron – you all/they looked

Imperfecto/ Pretérito Imperfecto
pensaba – I was thinking
pensabas – you were thinking
pensaba – s/he was thinking
pensábamos – we were thinking
pensaban – you all/they were thinking

quería – I wanted
querías – you wanted
quería – s/he wanted
queríamos – we wanted
querían – you all/they wanted

había ayudado – s/he had helped
estaba ayudado – s/he was helping

a - to, at
abrazó - s/he hugged
acuerdo/ de acuerdo - agree, approve
adónde - to where
ahí - there
ahora - now
al - to the, at the
al ver - upon seeing
alcázar - castle
alfombra - carpet, rug
alto - tall
amigo/a - friend
amó - s/he loved
años - years
aquí - here
arma - arm, weapon
armadura - armor
así que - so
ataque - attack
atraparnos - trap us
ay - oh
ayudé - I helped
bajar - to go down

bajo - short
barba - beard
barranco - ravine
batalla - battle
bien - O.K., well
blancos - white
brazo - arm
buen - good
buscar - to search for
caballero - knight
caballo - horse
cabeza - head
caca - poop
calle - street
calor/ hace calor - it is hot
campamento - camp, encampment
campo - countryside
caos - chaos
cara - face
carreta - cart, wagon
casa - house
castillo - castle
cayó - s/he fell
chico/a - boy, girl
chocó - it clashed
cicatriz - scar
ciencias - sciences
cinco - five
ciudad - city
claro que sí - of course
cojines - cushions, pillows
comedor - dining room
comer - to eat
comida - food
cómo - how
como - like, as
comprar - to buy
con - with

conmigo - with me
contestar - to answer
contigo - with you
contra - against
corrió - s/he ran
cortó - s/he cut
cruzar - to cross
cuando - when
cuerpo - body
cúpulas - cupolas, domes
de - of, from
debes - you should
decía - it said
del - of the, from the
delgado - thin
demasiado - too
desde - from
desorden - disorder
desprotegidas - unprotected
después - after
detrás - behind
día - day
dice - s/he says
diez - ten
digas/ no me digas - don't tell me, really
dijo - s/he said
dios - god
dispararon - they shot
dónde/ donde - where
dormido - slept
dos - two
durante - during
edificio - building
ejército - army
él - he
el - the
ella - she
ellos - they

emocionado - excited
empezó a - s/he, it started to
enamorado de - in love with
encanta - it is really pleasing, enchanting
encontrar - to find
enojar - to become angry
entiende - s/he understands
entonces - then
entre - between, among
época - period of time
era - I, s/he was
eres - you are
escribió - s/he wrote
escuchar - to listen, hear
escuela - school
ese/ eso - this
espada - sword
España - Spain
español - Spanish
esta/ este/ esto - that
estar - to be
estrecho - narrow
fácil - easy
fama - fame
favor/ por favor - please
feliz - happy
fin/ por fin - finally
flecha - arrow
frente a - in front of
frío - cold
fue - s/he went
gato - cat
golpeó - s/he, it hit
gracias - thanks
grande - big
gritó - s/he yelled
guapo - good-looking
guardar - to keep

guardia - guard
gusta - it pleases
gusto/ mucho gusto - pleasure to meet you
ha llegado - s/he has arrived
había - there was/were
había salido - s/he had left
hablar - to talk, speak
hace calor - it is hot
hacer - to do, make
hacia - towards
hacía calor - it was hot
hagas - that you make
hambre - hunger
hay - there is/are
hermana - sister
hija - daughter
hizo - s/he made
hola - hello
hombre - man
hora - hour
hoy - today
ir - to go
jamón - ham
la - the
largo - long
le - him/her
lengua - language
les - them
levantó - s/he lifted, raised
líder - leader
listo - ready
llamo - I call
llegar - to arrive
llevar - to wear
lo - it, him
los - the, them
luchar - to fight
lugar - place

madre - mother
mal - badly
malas - bad
mañana - morning
mano - hand
más - more
matar - to kill
mercado - marketplace
mesa - table
mi - my
mí - me
mientras - while
mira - s/he looks
montó - s/he rides
moreno - brown, dark skinned
muerto - dead
murió - s/he died
musulmán - Muslim
muy - very
nada - nothing
naranjas - oranges
nariz - nose
ni - neither
ningún - no, any
nos vemos - see you
nuestro - our
o - or
ocho - eight
ojos - eyes
once - eleven
ordenada - orderly
otro - other, another
oye - hey
padre - father
pan - bread
para - for, in order to
parece - it seems
parto - I leave, depart
pasa/ no pasa nada - no worries,
it's ok
pasar - to pass, happen
paso - pass
pastor - shepherd
paz - peace
pelo - hair
pena/ vale la pena - it is worth,
worthwhile
pensar - to think
pequeño - small
pero - but
perro - dog
pie - foot
poco - a little
podemos - we can
ponía - s/he was putting on
por - through, by way of, around, by
por eso - that's why
por favor - please
por qué - why
por tanto - thus
porque - because
preguntó - s/he asked
prestar - to pay (attention)
primero - first
pronto/ de pronto - suddenly, then
puedo - I can
puente - bridge
puso/ se puso - s/he became
que - that
qué - what
queso - cheese
quién - who
quiere - s/he wants
razón/tienes razón - you're right
regresar - to return
repente/ de repente - suddenly
río - river
saber - to know

sacó - s/he took out
salir - to leave
salvar - to save
se - himself, herself
sé - I know
segundo - second
seis - six
señor - sir
sentía/ se sentía - s/he was feeling
sentó/ se sentó - s/he sat
ser - to be
si - if
sí - yes
siguió - s/he continued
sin - without
sintió - s/he felt
sobre - about, on
sobrina - niece
solamente - only
soldado - soldier
solo - alone, only
son - they are
sopa - soup
sorprendió - s/he was surprised
soy - I am
su - his/her
suavemente - softly
suelo - ground
tal/ qué tal - how are you
también - also
tan - so
tanto - so many
te - you
tema - theme
tener - to have
tercera - third
ti - you
tiempo - time

tienda - tent
tío - uncle
tiró - s/he, it threw
tocaba - s/he was touching
todo - all, everything, whole
tomó - s/he took
trabajo - I work
traducción - translation
traidor - traitor
tres - three
triste - sad
tropas - troops
tu - your
tú - you
tuvo - s/he had
últimamente - lately
último - last
un/ una - a, an
unos - some
urge/ me urge - I need
va - s/he goes
vale la pena - it is worth it
vaya - wow
veinte - twenty
venga - come on
venir - to come
ver - to see
vestido - dress
vez - time
vida - life
vivir - to play
y - and
ya - already
ya no - not anymore
yo - I
zanahoria - carrot

Notas

Themes and places for you to explore further:

✚ 11-M train bombings in Madrid, Spain on March 11, 2004

✚ Spanish Reconquista- 711 to 1492

✚ Iberian Peninsula- area that comprises today's Spain and Portugal

✚ El Cid- legendary hero who fought for Muslims and Christians

✚ 1195 Battle of Alarcos- Muslim defeat of Christian forces

✚ 1212 Battle of Las Navas de Tolosa and its museum in Santa Elena, Spain

✚ Battle tactics, weaponry, armor

✚ Christian Spain in 1212- Alfonso VIII of Castile, Alfonso IX of Leon, Pedro II of Aragon, and Sancho VII of Navarre

✚ Alfonso's treatment of Jews and Muslims that triggered disagreements among French and Italian crusaders

✚ Crusades- campaigns in the Holy Land and in Spain

✚ Knights Templar- Solomon's Temple, secret codes, vows, links to Friday the 13th, ties to Masonic Lodges

✚ Spanish Templars and their orders- Santiago, Calatrava, Salvatierra

✚ Islam- Prophet Muhammad, the Qur'an, five pillars

✚ Caliphate- leader of the Muslim world

✚ Umayyad Caliphate overthrown and only survivor, Abd ar-Rahman, flees and establishes the Caliphate of Cordoba in 755

✚ Distinctions between Moor, Muslim, Arab, and Islamic

✚ Al-Nasir and the Almohads

✚ Al-Andalus- Arabic name for the Iberian Peninsula

✚ Architecture and art- Mudéjar, Mozárabe, tessellations, complex star polygons, arabesques, Arabic calligraphy

✚ Christianity- beliefs, origins, Jesus Christ, Pope, Catholic Church

+ Jamón serrano/ ibérico- ham as a Christian symbol and a popular Spanish food
+ Arabic influences on Spanish cuisine
+ Segovia- Roman aqueduct, castle, Knight Templar church
+ Sevilla- Real Alcázar, Cathedral with Muslim tower
+ Toledo- former capital, translation school, city of three cultures
+ Gothic cathedral and sword making
+ Translation School in Toledo- from Arab, Greek and Hebrew texts to European universities
+ Córdoba- Mosque, former capital of Muslim Spain
+ Jaén- castle, leading olive oil producer
+ Arabic words in the modern Spanish language: alfombra, almohada, cojín, hola, ojalá, zanahoria, aceituna, alcalde, alcázar, naranja
+ Castilian- also known as Spanish (castellano)
+ Peace, betrayal, holy wars, just wars
+ Interracial marriages and parental objections
+ How other cultures influence and enrich each other
+ Weather/geography of Spain

Agradecimiento

Many thanks to Penelope Amabile, Laura Anaya Zuchovicki, Clara Rodriguez, Leticia Abajo, Alejandro Saldaña, and to the following teachers whose students gave me valuable feedback: Michelle Pratt of Exeter-West Greenwich High School, Rhode Island, Leslie Davison of Summit High School, Frisco, CO, Jody Ford of Tenino High School, Tenino, Washington, and PJ Mallinckrodt of Columbia High School in Columbia, IL.

The author exploring the Temple Mount in Jerusalem.

Sobre la autora

Mira Canion is an energizing presenter, author, photographer, stand-up comedienne, and high school Spanish teacher in Colorado. She has a background in political science, German, and Spanish. She is also the author of the popular historical novellas *Piratas del Caribe y el mapa secreto, Rebeldes de Tejas, Agentes secretos y el mural de Picasso, Fiesta fatal, La Vampirata, Tumba, Pirates français des Caraïbes, La France en danger et les secrets de Picasso, El capibara con botas, El escape cubano* as well as teacher's manuals. For more information, please consult her website: **www.miracanion.com**